ÉTRENNES AUX PARISIENNES

LA CRINOLINE

Poëme didactique en 3 chants

SON ORIGINE, SON HISTOIRE, SON APOLOGIE

DÉDIÉ A MADAME LA P. M.

PAR DUPUY DU COMTAT

PARIS
IMPRIMERIE ET LITHOGRAPHIE DE WITTERSHEIM
8, RUE MONTMORENCY
1859

ÉTRENNES

AUX PARISIENNES

ÉTRENNES AUX PARISIENNES

LA CRINOLINE

Poëme didactique en 3 chants

SON ORIGINE, SON HISTOIRE, SON APOLOGIE

DÉDIÉ A MADAME LA P. M.

PAR DUPUY DU COMTAT

PARIS
IMPRIMERIE ET LITHOGRAPHIE DE WITTERSHEIM
8, RUE MONTMORENCY

1859

Les fous ont inventé la mode
Et les sages la suivent.

MONTESQUIEU.

La suivre est un devoir,
La fuir un ridicule.

DE BERNIS.

ENVOI

Je cherchais un beau nom, porté par une femme
Qui réunît encor les qualités de l'âme,
Un de ces noms heureux dans le monde cité,
Que le pauvre à genoux mêle dans sa prière ;
Un ange aux ailes d'or que Dieu par charité
Laisse tomber du ciel parfois sur cette terre
Pour adoucir les maux de notre humanité,
Et pour donner aux cœurs, ravis par sa beauté,

Un doux pressentiment des ivresses intimes
Des désirs incessants, de la félicité
Qu'attendent les élus au séjour si vanté
Des amours éternels, des extases sublimes.
Ce nom, je l'ai trouvé ; parmi les noms divers
Illustres et brillants de cette capitale,
Madame, c'est le vôtre en tête de mes vers,
Que je veux indiquer par votre initiale.
Accordez cette grâce à mes faibles essais,
Vous en aurez d'avance assuré le succès.

CHANT PREMIER.

O vous tous détracteurs des modes féminines !
Pourquoi tant critiquer ces pauvres crinolines ?

A-t-on assez versé d'amertume et de fiel,
De sarcasme malin, de mépris et d'injure,

Et jusqu'aux traits mordants de la caricature,
Sur ce vêtement chaste adopté par le ciel?

Le sexe sur nos cœurs perdrait-il son empire,
Pour se voir chaque jour en butte à la satire?
Et la femme à nos yeux n'aurait donc plus de prix,
Depuis que revenue à de sages avis,
La mode plus décente et surtout plus aisée
Cache à tous les regards, sous les gracieux plis
D'une robe à volants, avec art empesée,
Leurs formes qu'autrefois les dames de Paris
Étalaient dans la rue aux passants ébahis?

Faudra-t-il revenir, ô messieurs de la presse,
Pour ranimer vos sens dépourvus de chaleur,
Aux modes qui jadis fleurirent dans la Grèce?
La femme devra-t-elle, outrageant la pudeur,
Pour rendre, dites-vous, hommage à la nature,
Montrer sa gorge nue, et pour toute parure
Dans un étui collant, tout droit et sans ampleur,
Voiler sa nudité d'une étoffe légère?

Dans ce pays des arts où tout était matière,
On ignorait alors les tendres sentiments,
Les extases sans fin, les doux épanchements,
L'ivresse des désirs qu'enflamme le mystère;

Le roman de l'amour était un livre sot
Où chacun, à l'envi, cherchait le dernier mot;
Et Sapho dans ses vers, si folle et si lubrique,
N'eût été de nos jours qu'une femme publique.

L'amour a depuis lors bien fait d'autres progrès ;
A tous ces grands élans de passion brutale,
Combien nous préférons Jean-Jacques ! que d'attraits
Dans ce livre immortel, où son âme s'exhale !
Il pénètre nos cœurs de troubles ravissants,
Et sa simple lecture a pour nous tant de charmes,
Qu'il nous fait envier même jusques aux larmes
Que versent, en secret, ses timides amants.

La mode sur les mœurs, en tout temps s'égalise,
Et du costume ancien au costume nouveau,
Nous trouvons aujourd'hui l'espace qui divise
Les amours de Sapho des amours d'Héloïse.

Pour plaire aux écrivains, grands amateurs du beau,
Devra-t-on adopter la tunique romaine,
Et découvrir encor la jambe et les genoux ?
Consultez les maris sur cette mode obscène,
Et vous verrez l'effroi même des moins jaloux.

L'homme a beau critiquer, la femme sait se taire ;
Son esprit pénétrant que le désir de plaire
Tient sans cesse en éveil, son tact ingénieux
Autant que délicat, lui font choisir d'avance
Ce qui charme notre œil, ce qui convient le mieux.

Dans notre beau pays, où même la décence
Interdit d'appeler les choses par leur nom,
Où tout sent et respire un parfum d'élégance,
De sentiment exquis, de suprême bon ton,
Qui, masquant la nature en ce qu'elle a d'étrange,
A su poétiser les appétits du corps
En donnant à l'amour les allures de l'ange,
La mode pouvait-on la tenir en dehors
De ce grand mouvement devant qui tout s'incline ?
Son génie a prouvé qu'elle sait mieux que nous
Ce que le siècle veut, car dans la crinoline
Elle a réalisé sa tendance et ses goûts.

CHANT DEUXIÈME.

Nos grand'mères jadis avec quelque avantage,
Sous les règnes galants de ce siècle dernier,

Ont porté les talons, l'étoffe à grand ramage,
Les longs vertugadins et la robe à panier;
La jupe à larges flancs avec l'étroit corsage
Formait par son contraste un effet fastueux,
Et devant les portraits qu'a conservés notre âge,
On est toujours frappé de l'air majestueux
Dont cet ajustement relevait leur visage.

Mais par un prompt retour de l'esprit féminin,
Lorsque quatre-vingt-neuf renversant les empires,
Par sa puissante idée eut ouvert un chemin
Aux grandes passions, comme à tous les délires,
Les femmes à leur tour, dans leur civisme outré,
Voulurent s'affranchir de toutes les entraves
Que la pudeur impose à ce sexe adoré,
Et prenant à la lettre un principe avéré
Que dans un pays libre il ne faut point d'esclaves,
Elles vinrent aux bals dans un tel négligé
Que notre père Adam en eût rougi de honte.

On ne s'en tint pas là; mais la leçon fut prompte,
Et lorsque Récamier, Rémusat et Tallien,
Ces trois grâces du jour par leur beauté connues,
Et des modes d'alors le plus ferme soutien,
Voulurent en public se montrer demi-nues,

La foule s'ameuta ; le peuple s'animant
Allait leur infliger un juste châtiment,
Et sans l'heureux secours de la force publique,
Ces dames maudissant leur costume à l'antique,
Auraient pris un bain froid dans l'immense bassin
Qui du Palais-Royal embellit le jardin.

Longtemps la robe encor, sans grâce et sans tournure,
Ne fut qu'un vêtement et non une parure ;
Sa jupe toute droite, unie et sans volants,
S'attachant sous le sein que fixait la ceinture,
D'un véritable sac nous offrait la figure.

Le bord, avec ses lais trop courts et trop collants,
Fouettait sur la cheville en faisant la grimace
Et crottait sans merci la bottine et les bas ;
Sous cet accoutrement les femmes n'avaient pas
Cet air majestueux, l'aisance ni la grâce
Qui nous charme et ravit ; dans ses contours étroits
Leurs pas embarrassés leur donnaient à la fois
Une démarche gauche, inquiète, indécise ;
Et quand le vent soufflait, ou bien la moindre brise,
Une vive rougeur leur montait jusqu'au front
En voyant à regret leur plastique jupon
Trahir aux curieux la forme trop précise
Des appas réservés aux seuls élus du cœur.

Après vint le Gigot; sa vogue fut brillante,
Il eut les plus beaux jours; c'était une fureur;
Des mères d'aujourd'hui la classe intéressante
Ne l'a point oublié; car la manche bouffante
Sous son duvet moelleux abrita bien longtemps
Le contour de leurs bras, leurs grâces de vingt ans;
Et malgré ses excès, l'ampleur extravagante
Que l'on donna plus tard à l'énorme ballon
Dont le sexe affublait son épaule charmante,
Cette mode bizarre eut un règne assez long.

Mais comme le soleil, l'heureuse crinoline
Eut son aurore alors; sa mission divine
Se révéla bientôt par plus d'un précurseur :
Le lascif *Postillon*, par son tour séducteur,
En donnant à la hanche une forme arrondie
Fut enfin le saint Jean de ce nouveau Messie
Qui devait tout soumettre à son charme vainqueur.

CHANT TROISIÈME.

Depuis lors sa puissance, en dépit de l'envie,
S'agrandit chaque jour, et l'Europe ravie

A son moindre caprice obéit à genoux.

Chacun bénit ses fers; quel esclavage doux !
La reine sous l'éclat pompeux du diadème,
La dame jeune ou vieille et la grisette même
Devant la crinoline oubliant leur beauté,
Leur richesse, leur rang, et jusqu'à leur fierté,
Aux pieds de ses autels, dans leur ferveur extrême,
Confondent tous leurs vœux, trouvent leur seul plaisir;
Et la vieille madone, au fond de sa chapelle,
De tous ces grands succès semble se réjouir,
Car cette mode, à tort que nous croyons nouvelle,
Avait toujours été sa parure fidèle :
L'Eglise, en l'adoptant pour son culte divin,
En avait pressenti le glorieux destin.

Devant tout ce concours de tant de prosélytes,
Qui peut encor nier l'éclat de ses mérites ?

Quoi de plus gracieux qu'une robe à grands plis,
Que soutient dans sa base une jupe évasée !
Ses volants étagés, ses contours arrondis,
Donnent à la démarche une tournure aisée,
Et cachant à nos yeux les pieds et les genoux,
Sous les flots ondoyants de cette pyramide,

La femme a plus d'aplomb et se sent moins timide ;
Sa taille se balance en mouvements si doux
Qu'on dirait qu'elle glisse en s'avançant vers nous,
Et que son corps, porté sur les ailes d'un ange,
Est prêt à s'enlever vers la sainte phalange.

Mais ma tâche est finie, il est temps ; je me tais,
Bien que d'écrire encor la plume me démange.

Puissent ces vers dictés sans art et sans apprêts,
Sur l'autel de la mode inaugurant la paix,
Des dames de Paris mériter la louange !
Le suffrage flatteur de ce sexe charmant,
Dont l'univers entier adopte les caprices,
Peut seul me consoler des petites malices
Que quelque esprit chagrin aiguise en ce moment ;
Mais je suis rassuré, les belles Parisiennes
Sont le plus sûr soutien de la mode du jour,
Leurs yeux vifs et piquants, leurs tailles de sirènes,
Leur pied fin et cambré, vrai chef-d'œuvre d'amour,
De tout temps envié même par les Françaises,
Leur peau blanche et nacrée et leurs beaux cheveux blonds
Dont l'éclat plus soyeux, moins rouge dans les tons

Et plus chaud de couleur fait damner les Anglaises,
Leur mise distinguée au théâtre, aux salons,
Où brille un goût exquis de luxe et d'élégance,
Tout mieux que mes vers me donne l'assurance
Qu'elles sauront venger les injustes affronts
De cette crinoline en merveilles féconde,
Qui fait depuis dix ans les délices du monde.

www.ingramcontent.com/pod-product-compliance
Lightning Source LLC
LaVergne TN
LVHW010345230826
846091LV00009B/4051
9782019251772